Wilhelm Topsch

Das ist ja super!

Bilder von
Pia Eisenbarth

Verlag Friedrich Oetinger · Hamburg

Mehr von Kati und Michel in:

Jetzt geht´s los
Papa kocht
Oma und Troll
Ein Esel kommt selten allein
(in der Reihe SONNE, MOND UND STERNE)

Didaktische Beratung der Reihe LATERNE, LATERNE:
Professor Dr. Wilhelm Topsch

Titelbild und farbige Illustrationen von Pia Eisenbarth
Einbandgestaltung: Manfred Limmroth
Lithos: Die Litho, Hamburg
Druck und Bindung: Proost N.V., Turnhout
Printed in Belgium 1999*

ISBN 3-7891-1138-4

Am Samstagmorgen sagt Mama:
„Ich fahre mit Oma zum Ökomarkt.“
Kati und Michel wollen nicht mit.
„Auch gut“, sagt Mama,
„dann könnt ihr inzwischen
mal zum TOBI-Markt gehen.
Wir brauchen nämlich
Essig und Zucker.“

Als Mama und Oma gefahren sind,
sagt Kati:
„Immer müssen wir
bei TOBI einkaufen.
Das ist doch langweilig.
Jetzt gibt es doch Super-Kauf.
Das ist ein ganz neuer Laden.“
„Au ja“, ruft Michel.
„Wir gehen zu Super-Kauf.“
Papa hat nichts dagegen.
Dann fragt Michel:
„Sollen wir echt
nur Zucker und Essig holen?
Die haben doch
bestimmt auch Superangebote.“

„Okay“, sagt Papa.
„Wenn ihr
sonst noch was Vernünftiges seht,
könnt ihr es ja kaufen.“
Er gibt Kati
einen kleinen Brustbeutel
mit Geld.

Bei Super-Kauf ist super was los.
Überall hängen Schilder.
„Superpack zum Superpreis!“
steht darauf.
Aus den Lautsprechern
klingt Musik.

Manchmal sagt
eine fröhliche Stimme:
„Superpack zum Superpreis!
Heute besonders günstig:
Schokotorte zum Selberbacken,
drei Packungen nur 6 Mark 66.“

Zuerst finden Kati und Michel
den Zucker:
vier Kilo im Superpack
für 3 Mark 33!
„Superbillig!“, sagt Kati,
„den nehmen wir.“

Dann suchen sie Essig.
„Sechs Flaschen im Superpack“,
ruft Michel,
„nur 4 Mark 44!“
Kati runzelt die Stirn.
„Was sollen wir denn
mit sechs Flaschen Essig?“,
fragt sie.
„Wieso?“, sagt Michel.
„Essig kann man
immer mal gebrauchen.“
Er hebt einen Karton
mit Essigflaschen in den Wagen.
Kati wirft einen Superpack
Lakritzschnecken dazu.
Michel greift sich
einen Superpack
mit Schaumküssen.

Und so geht es weiter:
Die Kinder packen
Puddingpulver,
Haarwaschmittel,
Milchschokolade,
drei Wischtücher,
einen Handfeger mit Kehrblech,
sechs Meisenknödel,
einen Liter Kirschsirup
und vier Dosen Erbsensuppe ein.

„Alles vernünftige Sachen“,
sagt Kati.
„Und ob“, ruft Michel.
Er holt noch einen Riesenpacken
mit Papierrollen.
„Klopapier ist auch vernünftig“,
sagt er,
„das kann man
immer mal gebrauchen.“

An der Kasse müssen sie warten.
Dann zieht die Kassiererin
die Pakete über ein Leuchtfeld.
„Tüüt“, macht die Kasse.
Michel räumt Stück für Stück
wieder in den Wagen.

„Pidatatüt", macht die Kasse
am Schluss
und die Kassiererin sagt:
„Macht 44 Mark und 3 Pfennig."

Kati kramt im Geldbeutel.
„Mensch“, sagt sie und wird rot,
„mein Vater hat uns
zu wenig Geld eingepackt.“
„Na, super“,
sagt die Verkäuferin,
„und was jetzt?“
„Wir können ja
das Klopapier zurückbringen“,
schlägt Kati vor.
„Nee“, sagt die Verkäuferin,
„das ist
so eine neue Super-Kasse.
Da kann ich nichts
wieder rausnehmen.“
„Sollen wir schnell
nach Hause laufen und Geld holen?“,
fragt Michel.

„Nee“, sagt die Verkäuferin,
„dann haut ihr womöglich ab,
und ich sitz hier
mit dem ganzen Krempel.“
„Blöd“, sagt Kati,
„dann können wir
ja auch kein Geld holen.“

„Blöd will ich
mal nicht gehört haben“,
sagt die Kassiererin.
Sie greift unter die Kasse
und holt ein Telefon hervor.
„Hier, ruf mal zu Hause an
und sag Bescheid,
dass ihr noch Geld braucht.“
Die Kassiererin
von der anderen Kasse fragt:
„Haben die beiden was geklaut?“

Kati telefoniert mit Papa.
Der sagt bloß,
dass sie die Sachen
wieder zurückbringen sollen.
„Nein“, ruft Kati.
„Die haben hier
so eine neue Kasse.
Da geht das nicht.“
„Na, super“, sagt Papa.
„Dann komm ich eben vorbei.“

„Gibt's Probleme?“,
fragt die Kassiererin
vom Nachbarband noch einmal.
„Soll ich die Polizei rufen?“
„Nicht nötig“, sagt Kati,
„mein Vater kommt gleich.“

„Die beiden haben bestimmt
was geklaut“,
sagt eine Kundin zu einer anderen.
„Das machen die Kinder
heute als Sport.
Das können Sie mir glauben.“

Dann kommt Papa.
„Hallo“, ruft er
und grinst Kati und Michel an.
„Na endlich“, sagt Kati.
Papa sieht in den Einkaufswagen.

„Alles vernünftige Sachen –
bis auf den Essig!“, sagt er.
„Was sollen wir denn
mit so viel Essig?“
„Das ist ein Superpack“,
ruft Michel.
„Einzelne Flaschen
gibt es hier nicht.“
„Okay“, sagt Papa
zu der Kassiererin,
„dann buchen Sie bitte
den Essig wieder aus.“
„Ausbuchen geht nicht!“,
sagt die Kassiererin.
„Da muss ich erst einen
von der Kassenaufsicht holen.
Von mir aus können Sie
den Essig aber umtauschen.“

Papa schnappt sich den Essig.
Kati und Michel gehen mit.

Sie laufen durch die Gänge.
Papa staunt.
Plötzlich bleibt er stehen und sagt:
„Mensch, drei Schokotorten
zu 6 Mark 66.
Das ist ja echt spottbillig.“
Dann nehmen sie auch noch
einen Superpack Zwieback
und einen Superpack
mit fünf Käsesorten mit.

Super-pack Zwieback 3 Pfund 3.39
Schoko-streusel 1 Kilo: 5.55
Schlag-sahne: 8 Liter 7.99
Schoko-torten 3 Stück: 6.66
Sirup 7 Fl. 7.77

„Ich guck mich noch
ein bisschen um“, sagt Papa,
„ihr könnt ja
inzwischen noch mal
einen leeren Wagen holen.“
Als Kati und Michel wiederkommen,
packt Papa noch drei Kästen Limo
und acht Dosen Hundefutter ein.

An der Kasse sehen alle drei
noch einmal in den Wagen:
„Alles vernünftige Sachen“,
sagt Papa.
Aber dann runzelt er die Stirn.
Er fragt die Kassiererin:
„Kann ich vielleicht auch mal kurz
Ihr Telefon benutzen?“

„Jetzt reicht's mir aber",
sagt die Kassiererin.
„Erzählen Sie mir bloß nicht,
dass Sie auch
zu wenig Geld dabeihaben!"
Die Leute in der Schlange
gucken Papa böse an.
„Macht der Typ Probleme?",
fragt die Kassiererin
von der anderen Kasse.

„Nee“, sagt Papa,
„ich muss bloß mal
zu Hause anrufen,
damit meine Frau
mit dem Auto kommt.
Das können wir ja
unmöglich alles schleppen.“
Die Kassiererin gibt Papa
das Telefon.

Zum Glück sind Mama und Oma
schon vom Ökomarkt zurück.
„Habt ihr auch Essig?“,
fragt Mama.
„Nein“, sagt Papa,
„hier gibt’s alles nur
im Superpack.
Da muss man gleich sechs Flaschen
auf einmal nehmen.“
„Das ist doch super!“, ruft Mama.
„Wir haben nämlich
10 Kilo Gurken gekauft.
Und jetzt brauchen wir Essig
für saure Gurken.
Also, sechs Flaschen,
das ist bestimmt nicht zu viel.“

„Na, alles klar?“,
fragt die Kassiererin,
als Papa
ihr das Telefon zurückgibt.
„Ja“, sagt Papa,
„wir brauchen bloß noch Essig
für saure Gurken.“

„Ich kriege gleich
einen Schreikrampf“,
sagt die Kassiererin,
„glauben Sie mir das?“

Aber Papa sagt nicht,
was er glaubt.
Er reißt schnell
eine Packung Lakritzschnecken auf.
„Hier“, sagt er zu der Kassiererin,
„Lakritz ist gut für die Nerven.“
„Danke, das habe ich heute nötig“,
sagt die Frau von der Kasse.
„Wir aber auch“,
rufen Kati und Michel.

ALLE BÄNDE AUF EINEN BLICK

JÜRGEN BANSCHERUS
Die besten Freunde der Welt

ERHARD DIETL
Andi und das Zauber-Eis
Andi und sein neuer Freund
Drei dicke Freunde

CORNELIA FUNKE
Dicke Freundinnen

ULRIKE KAUP
Ein Vampir vom Flohmarkt

JAMES KRÜSS
Die Weihnachtsmaus

ANNE MAAR
Jan leiht sich einen Hund

PAUL MAAR
Der gelbe Pulli
Tina und Timmi kennen sich nicht
Tina und Timmi machen einen Ausflug

SALAH NAOURA
Der große Hund ist weg!

BETTINA OBRECHT
Anna wünscht sich einen Hund
Maja und Lena sind Flüsterweltmeister
Die Teddybärmaschine

MARGRET RETTICH
Die Nacht im Monstertal

MARCUS SAUERMANN
Der Umhang des Königs

URSEL SCHEFFLER
Paula geht zur Schule
Paula sieht Gespenster
Paula und das Räuberfest
Paula will eine Brille

ANNE STEINWART
Karlotta findet einen Schatz
Karlotta läßt sich nichts gefallen

WILHELM TOPSCH
Das ist ja super!
Jetzt geht´s los
Oma und Troll
Papa kocht

RENATE WELSH
Phil und Lip

CHRISTA ZEUCH
Hanna und das Fluschi